CAMPAGNE DE 1815.

FRAGMENTS HISTORIQUES

réunis pour établir le fait

DE

Calomnie

RÉPANDUE DANS UN LIBELLE

DU GÉNÉRAL

BERTHEZÈNE,

PUBLIÉ EN DATE DU 27 MAI 1840.

DEUXIÈME ÉDITION, AUGMENTÉE DE DOCUMENTS INÉDITS JUSQU'A CE JOUR.

CAEN,

IMPRIMERIE DE F. POISSON, RUE FROIDE, 18.

—

12 SEPTEMBRE 1840.

CAMPAGNE DE 1815.

FRAGMENTS HISTORIQUES

qui démentent les deux plus graves des

CALOMNIES

RÉPANDUES DANS UN LIBELLE PUBLIÉ PAR

le général BERTHEZÈNE, en mai 1840.

Au mois de mars 1840 , le général Berthezène fit paraître une brochure portant atteinte à la réputation militaire du maréchal Grouchy, et renfermant, entr'autres assertions mensongères , celle d'avoir entretenu une correspondance criminelle avec les généraux ennemis , essayé de faire corrompre la fidélité des troupes sous ses ordres , et méconnu ses devoirs de général en chef , de manière à compromettre le salut de l'armée du Nord.

Dès que le maréchal eut connaissance de ce pamphlet diffamatoire , il s'empressa d'adresser à la chambre des pairs une plainte en calomnie contre le général Berthezène , ne doutant pas qu'elle ne fût immédiatement saisie, par une ordonnance royale , d'une affaire assez grave pour compromettre , aux yeux de la France, un de ses maréchaux. Il était donc persuadé qu'avant la clôture de la session législative , la chambre flétrirait son dénonciateur par un jugement solennel.

Son attente ayant été déçue, et quelque impossible qu'il soit que l'opinion publique flotte incertaine entre le général Berthezène et lui , le maréchal a cru devoir appeler, dès à présent, le jour de la publicité sur des documents authentiques et des pièces officielles qui offrent une irréfragable preuve qu'il n'a ni trahi la patrie, ni

manqué à aucun de ses devoirs en 1815 , mais qu'il s'est
acquis, ainsi que l'en félicite le ministre de la guerre , de
réels titres à la gratitude de ses concitoyens, en ramenant
sous Paris l'armée du nord, qu'avait placée dans la position la plus difficile la perte de la bataille de Waterloo, et
la désorganisation des troupes qui y avaient combattu.

———

ÉTAT DES PIÈCES JUSTIFICATIVES.

1° Plainte du maréchal Grouchy contre le général
Berthezène ;

2o Ordre du jour et proclamation du maréchal Grouchy, ayant pour objet d'annoncer à l'armée l'abdication
de l'Empereur , et de faire reconnaître Napoléon II
empereur des Français ;

3° Lettres et ordre du ministre de la guerre, prince
d'Eckmühl, et du duc d'Otrante, président de la commission du gouvernement , qui ont motivé l'envoi de quelques officiers , et du général Le Sénécal, chef d'état-
major du maréchal Grouchy , en mission près des généraux ennemis ;

4° Lettres du maréchal Grouchy au ministre de la
guerre et au duc d'Otrante ;

5o Correspondance entre le maréchal Grouchy et le général Drouot, relativement à l'envoi du chef d'état-major
du maréchal Grouchy au quartier-général du maréchal
Blucher ;

6° Lettres du maréchal Grouchy aux généraux ennemis et au duc de Wellington, ayant pour objet d'avoir des
nouvelles du comte de Lobau fait prisonnier à Waterloo ;

7o Lettre adressée de Villers-Coterets, par le maréchal
Grouchy , au général Vandamme , à Soissons, pour lui
donner ordre de se diriger de Soissons, par La Ferté-Mi-

lon et Meaux, sur Paris, et lui enjoindre de ne pas suivre, ainsi qu'il le lui avait prescrit la veille, la route directe par Villers-Coterets et Dammartin, attendu que les Anglo-Prussiens, après s'être rendus maître de Compiègne, ont passé l'Aisne et l'Oise, et l'occupent ;

8° Envoi successif des quatre aides-de-camp ou officiers d'ordonnance du maréchal Grouchy au général Vandamme et aux corps de cavalerie qui se trouvaient sur la rive droite de l'Aisne, pour qu'ils aient à effectuer leur retraite par La Ferté-Milon et Meaux, et s'assurer que ce mouvement s'exécute conformément à l'ordre qu'en a donné le maréchal, à Villers-Coterets, à quatre heures du matin, au général Vandamme ;

9° Lettre du général Berthezène à trois journalistes, pour désavouer l'intention d'accuser de trahison et de porter atteinte à l'honneur du maréchal Grouchy, auquel toutefois un tel désaveu n'a pas paru une suffisante réparation.

PLAINTE DU MARÉCHAL MARQUIS DE GROUCHY,

CONTRE LE LIEUTENANT-GÉNÉRAL BERTHEZÈNE.

Paris, le 2 juillet 1840.

Apprenant que les lois et les antécédents de la chambre s'opposent à ce qu'elle se saisisse, sans ordonnance royale, de la plainte que je lui ai adressée hier contre M. le lieutenant-général Berthezène, il m'importe de la faire connaître à mes concitoyens et à mes collègues, car j'attache un haut prix à ce qu'ils sachent que ma première pensée et mon vœu ont été de m'en reposer uniquement sur elle du soin de venger l'honneur outragé de l'un des membres de la chambre. J'ignorais, d'ailleurs, que j'eusse à recourir préalablement, à cet effet, à M. le garde-des-sceaux, formalité que je viens de remplir.

— 4 —

Paris, le 1er juillet 1840.

A M le baron PASQUIER *, président de la Chambre des Pairs.*

« MONSIEUR LE PRÉSIDENT,

La noble solidarité qui semble mettre en commun dans la chambre des pairs, tous les titres acquis au service de la patrie, impose à chacun de ses membres l'obligation de conserver intacte la part qui lui appartient dans cette illustre association.

Cette obligation devient plus impérieuse encore quand un des membres de cette chambre elle-même, méconnaissant sa propre dignité et la justice qu'il doit à un de ses collègues, se permet de déverser sur lui l'outrage et la diffamation.

En appeler alors à la chambre, et lui demander de prononcer entre son adversaire et lui, tel est l'irrésistible besoin auquel j'obéis en portant plainte contre le lieutenant-général Berthezène, à l'occasion d'un écrit publié et distribué par lui, dont plusieurs paragraphes renferment des imputations calomnieuses et de nature à porter atteinte à mon honneur et à ma réputation.

Si M. Berthezène n'eût attaqué ma conduite que sous les rapports militaires, je me bornerais à me livrer de nouveau à des discussions stratégiques qu'appuieraient *victorieusement des pièces officielles inédites jusqu'à ce jour.*

Mais je rougirais de laisser peser un instant sur moi l'imputation de trahison, et je m'empresse de signaler à la chambre, aussitôt mon arrivée à Paris, les passages du libelle du général Berthezène, commençant par ces mots : « *Une partie de la cavalerie.....* » et finissant par ceux-ci : « *J'en suis plus libre dans l'expression de ma pensée.* » Page 50.

M. Berthezène a-t-il pu croire que l'imputation faite à mon chef d'état-major ne m'atteignait pas? Non, sans doute ! car il sait mieux que personne combien est chère à un général en chef la réputation des officiers qui servent sous ses ordres.

Si donc je laisse à un intérêt plus rapproché encore que le mien à venger la mémoire du général Sénécal, je n'en ressens pas moins l'injure qui lui a été faite.

Au reste, l'auteur de l'écrit incriminé a pris soin de légitimer lui-même mon droit à l'accusation que je porte contre lui, en rendant directe l'attaque qu'il dirige contre moi.

En effet, le second des paragraphes que je viens d'indiquer contient, par ce qu'il dit, et ce qu'il laisse à entendre, les plus odieuses insinuations, celles d'avoir méconnu un de mes premiers devoirs comme général en chef, celui de veiller et d'assurer le salut d'une partie de mon armée, et d'avoir trahi cette France pour la défense de laquelle j'ai tant de fois versé mon sang. La noble chambre comprendra donc et partagera, je l'espère, ma profonde indignation.

Il m'est pénible, je l'avoue, d'être le premier à porter devant elle une action dont, jusqu'à ce jour, elle n'a pas eu, je crois, à connaître ; mais quand l'énergique voix de l'honneur retentit dans son enceinte, elle ne s'étonnera pas que des considérations d'un ordre secondaire soient méconnues.

C'est donc avec conviction que j'accomplis un devoir sacré comme maréchal et pair de France , en vous priant, monsieur le président , de recevoir et de soumettre à la chambre la plainte que je dépose entre vos mains contre M. le général baron Berthezène , à l'effet d'obtenir qu'il soit traduit devant la chambre, à raison des passages ci-dessus spécifiés, lesquels constituent le délit de diffamation et d'outrage envers un chef militaire ayant agi dans un caractère public, et à l'occasion de faits relatifs à ses fonctions, délit prévu par les articles 13, 14 et 16 de la loi du 17 mai 1819 et de la loi du 9 septembre 1835.

J'ai l'honneur d'être,

Monsieur le président,

Votre très-humble et très-obéissant serviteur,

Signé LE MARÉCHAL DE GROUCHY.

—→→→Ə!◯ǝϨ-ᴄᴇᴇ←—

ORDRE DU JOUR.

Charlemont, le 22 juin 1815.

SOLDATS !

Les mouvements de l'armée de l'empereur ont rendu nécessaires les marches pénibles que vous faites. Mais ne vous méprenez pas plus sur leurs motifs que sur leurs résultats. Vainqueurs à Fleurus, à Vawre, à Namur, vous avez battu l'ennemi partout où vous l'avez abordé : votre valeur lui a enlevé des trophées militaires, et il ne peut se vanter de vous en avoir ravi un seul. Réunis à des forces nouvelles et au chef de l'empire, vous allez bientôt reprendre l'attitude offensive qui vous convient. Défenseurs de notre chère patrie, vous préserverez son sol sacré, et la France entière proclamera vos droits à sa reconnaissance et à l'amour public.

Heureux d'avoir eu à vous guider dans des circonstances difficiles, et où vous avez accru votre gloire en cueillant de nouveaux lauriers, je me plais à payer à votre valeur et à vos travaux le tribut d'éloges qui leur est dû ; je

réponds en votre nom à la patrie que, fidèles à vos ser-
ments, vous périrez tous plutôt que de la voir humiliée
et asservie. Vive l'empereur!

Le maréchal commandant l'aile droite de l'armée,

COMTE DE GROUCHY.

PROCLAMATION DU MARÉCHAL GROUCHY (1815).

Soldats!

L'empereur Napoléon vient d'abdiquer la couronne;
il a cru devoir faire ce sacrifice aux intérêts de la tranquillité de la France, que l'ennemi avait résolu de dé-
chirer aussi long-temps qu'il aurait été investi du pou-
voir suprême.

Les puissances étrangères n'ont plus de motifs pour
vous faire la guerre! N'ont-elles pas annoncé, dans toutes leurs déclarations, que c'était contre la personne
seule de l'empereur qu'elles voulaient agir?

L'empereur a abdiqué en faveur de son fils et les
chambres l'ont reconnu empereur sous le nom de Napoléon II.

Quels sont maintenant vos devoirs, soldats?

D'être fidèles au nouveau chef de l'empire, comme
vous l'avez été à son auguste père, de vous serrer contre
vos aigles, de vous rallier tous sous les bannières nationales, et de prendre cette attitude énergique qui déter-
minera l'étranger à respecter votre indépendance et à ac-
cepter les propositions de paix qui lui sont faites en ce
moment par les délégués du nouveau gouvernement.

Soldats! montrez-vous tels aujourd'hui que vous le
fûtes depuis tant d'années, soyez dignes de la cause sacrée de la patrie et de la liberté que vous avez à faire

triompher ; vos efforts, votre conduite, dans cette grande circonstance, assureront la tranquillité et le bonheur de l'empire, et une telle conquête, la plus belle de toutes celles qui vous restaient à faire, mettra le terme à vos travaux et le sceau à votre gloire.

« Reims, le 25 juin 1815.

« *Le maréchal commandant l'armée du Nord*,

COMTE DE GROUCHY.

EXTRAIT D'UNE LETTRE DU MINISTRE DE LA GUERRE,

PRINCE D'ECKMUHL, AU MARÉCHAL GROUCHY.

Paris, 22 juin 1815, à 8 heures du soir.

MONSIEUR LE MARÉCHAL ,

L'Empereur vient d'abdiquer , voulant ôter aux puissances étrangères tout prétexte de continuer la guerre contre nous , puisque, par toutes leurs déclarations, elles ont annoncé que ce n'était qu'à lui qu'elles faisaient la guerre.

Les chambres viennent de nommer un gouvernement provisoire. Des commissaires vont être envoyés à toutes les puissances étrangères alliées,pour annoncer cet évènement qui doit ôter tout prétexte à la guerre. Si les puissances alliées, comme on doit l'espérer, ont été de bonne foi dans leurs déclarations, dans peu de jours la paix sera rendue au monde. Vous sentez, monsieur le maréchal, que dans l'hypothèse où cette déclaration ne serait qu'un leurre, il importe, pour le salut de notre patrie, de prendre toutes les mesures pour empêcher les malveillants de mettre la désorganisation et la désertion dans les troupes. Vous pouvez, et vous devez même envoyer connaissance de ces évènements aux généraux alliés , dans votre voisinage , en les invitant à suspendre toutes hostilités , jusqu'à ce qu'ils aient reçu des ordres de leurs Souverains.

OBSERVATION.

Le surplus de cette lettre n'a trait qu'à l'organisation nouvelle à donner à l'armée par suite de la réunion des débris de celle de l'Empereur aux troupes de l'aile droite ramenées par le maréchal Grouchy.

-------o-&-o-------

LETTRE DU MARÉCHAL GROUCHY
AU GÉNÉRAL COMMANDANT LES AVANT-POSTES DE L'ARMÉE ALLIÉE.

Je m'empresse de vous annoncer, monsieur le général, que l'empereur Napoléon vient d'abdiquer la couronne, afin d'ôter aux puissances étrangères tout prétexte de continuer la guerre contre la France.

Des commissaires vont être envoyés près des puissances alliées pour leur faire part de cet évènement, et pour poser les bases de négociations propres à amener la paix et mettre un terme à l'effusion du sang.

Je vous invite, monsieur le général, à suspendre les hostilités jusqu'à ce que vous ayez reçu des ordres ultérieurs de votre souverain ; ils ne peuvent tarder à vous parvenir.

Agréez, monsieur le général, les assurances de ma haute considération.

Signé LE MARÉCHAL GROUCHY.

De mon quartier-général, le 22 juin 1815.

-------o-&-o-------

LETTRE DU MARÉCHAL GROUCHY
AU DUC DE WELLINGTON.

MONSIEUR LE DUC,

L'attachement que je porte au lieutenant-général comte de Lobau me fait vivement désirer de savoir s'il est du nombre de ceux que le sort des armes a fait tomber aux mains des troupes sous vos ordres , à la bataille de Mont-Saint-Jean.

Assuré à l'avance des égards que le caractère de votre excellence garantit aux prisonniers , je croirais lui faire injure en réclamant en sa faveur tous les secours que peut nécessiter sa position. Je me bornerai donc à demander à votre excellence des nouvelles du comte de Lobau , et de vous offrir le renouvellement des sentiments de la haute estime avec laquelle j'ai l'honneur d'être.

Votre très-humble et obéissant serviteur ,

LE MARÉCHAL COMTE DE GROUCHY.

De mon quartier général, le 26 juin 1815.

MINISTÈRE DE LA GUERRE.

ORDRE.

M. Laloy se rendra sur-le-champ au quartier général de M. le maréchal Grouchy pour lui remettre la lettre ci-jointe de monsieur le président de la commission du gouvernement , qui doit être transmise sur-le-champ à MM. les plénipotentiaires. Il s'informera de la route que MM. les plénipotentiaires auront prise , et s'ils ne s'étaient pas dirigés sur le quartier-général de M. le Maréchal Grouchy , il suivra la même route qu'eux pour tâcher de les rejoindre , et leur remettra la dépêche dont il est porteur.

Le Ministre de la guerre :

Signé LE PRINCE D'ECHMUHL.

Paris, le 28 juin 1815 , trois heures du matin.

LETTRE DU DUC D'OTRANTE ,

PRÉSIDENT DE LA COMMISSION DU GOUVERNEMENT, A MM. LES PLÉNIPOTEN-
TIAIRES.

Paris, le 28 juin 1815, deux heures du matin.

Messieurs , d'après les nouvelles que me communique le Ministre de la guerre , il paraît que l'ennemi s'avance à marches forcées sur Paris, et que rien ne lui résiste. Je vous invite à conclure sur-le-champ un armistice avec le maréchal prince Blucher.

Il vaut mieux sacrifier quelques places, s'il est nécessaire, que de sacrifier Paris. Vous rendrez compte au gouvernement de ce que vous aurez pu faire à cet égard.

Recevez, messieurs, les assurances de ma considération distinguée.

Le Président de la Commission du Gouvernement :

Signé LE DUC D'OTRANTE.

LETTRE DU MINISTRE DE LA GUERRE

AU MARÉCHAL GROUCHY.

Paris, le 23 juin 1815.

MONSIEUR LE MARÉCHAL ,

J'ai mis sous les yeux de la commission exécutive du gouvernement vos lettres des 20 et 21 , elle me charge de vous faire connaître que vous avez rendu à la France un service qui sera apprécié de tout le monde. Je vous invite à m'adresser vos demandes d'avancement et de récompenses pour ceux qui se sont le plus distingués.

Le gouvernement vous confie le commandement en chef de l'armée du Nord, qui sera divisée en deux corps : le premier , sous les ordres du comte Reille ; il sera formé des 1er, 2e et 6e corps , qui sera composé des 3e ou 4e division ;

Le deuxième, sous les ordres du lieutenant-général comte Vandamme, sera composé des 3e et 4e corps de cavalerie, sera commandé par le comte de Valmy.

Le lieutenant-général Vandamme organisera son corps en trois ou quatre divisions.

Ayant conservé tout votre matériel d'artillerie, vous fournirez votre excédant au général Reille.

Recevez , Monsieur le maréchal, l'assurance de ma haute considération ,

Le ministre de la guerre,

MARÉCHAL PRINCE D'ECHMUHL.

LETTRE DU MINISTRE DE LA GUERRE,

AU MARÉCHAL GROUCHY.

Paris, le 25 juin 1815, à minuit.

MONSIEUR LE MARÉCHAL ,

Je reçois à l'instant votre lettre du 24 et je m'empresse d'en communiquer le contenu à la commission du gouvernement , qui , sans doute, sera l'interprète de toute la France , en proclamant que vous, les généraux et les troupes , ont bien mérité de la patrie. Ces témoignages de reconnaissance de la nation , j'aime à le dire, ne peuvent être mieux décernés que dans cette circonstance.

Vous allez vous trouver avec des troupes qui, malheureusement, ont été dans ce grand revers du 18 , et qui, selon tous les rapports, s'en ressentent encore. Prenez toutes les mesures nécessaires pour empêcher que la contagion ne gagne votre belle armée. Il faut la faire appuyer sur votre gauche , la mettre du côté de Compiègne , et lui faire occuper, y compris Pontoise , tous les ponts sur l'Oise, en y faisant faire des ouvrages de circonstance , et établir des batteries derrière. Il y a à Compiègne une manutention qui servirait à cette armée. Jusqu'à ce que vos services soient bien organisés , tirez des subsistances de Reims.

Un grand désordre règne dans les 1er, 2e et 6e corps. Prenez , ainsi que je vous l'ai demandé hier soir , de fortes mesures , et faites écrire circulairement dans toutes les communes pour que l'on arrête les maraudeurs , et qu'on les conduise à votre quartier-général. J'ai l'expérience qu'un exemple fait à propos suffit pour ramener à l'ordre.

Veuillez , Monsieur le maréchal, m'envoyer la relation détaillée de vos affaires, pour que toute la France puisse la connaître, et désignez-moi les officiers et soldats pour lesquels vous demandez des récompenses.

J'ai fait un ordre du jour pour faire rejoindre les généraux, officiers et soldats, qui avaient abandonné leur poste.

Cherchez à communiquer avec la garnison de Laon pour remonter son moral. Vous enverrez des détachements de cavalerie commandés par de bons officiers , pour communiquer avec la Fère , Ham , et avoir des nouvelles positives des colonnes ennemies qui se trouvent dans cette direction.

Il y a un assez mauvais esprit parmi les habitants de Soissons et du territoire. Prévenez-en les généraux et officiers , pour que ce mauvais esprit n'influe pas sur le soldat , et qu'on se mette toujours en garde contre les perfides suggestions de nos ennemis intérieurs.

Mettez des gendarmes en sauve-garde chez les maîtres de poste.

Recevez, mon cher maréchal, l'assurance de mon estime et de ma haute considération.

Le maréchal ministre de la guerre,

Signé LE PRINCE D'ECHMUHL.

P. S. J'ai donné ordre de faire évacuer sur Paris une partie des approvisionnements qui sont à Soissons. Arrêtez-en une partie à Compiègne. Il est essentiel que Compiègne soit occupé par de bonnes troupes et des généraux distingués. Il y a le château dont on peut tirer un très-grand parti. Chargez le général Rognat d'y faire quelques travaux de circonstance. Les habitants s'y sont défendus très-bien l'année dernière.

LETTRE DU MARÉCHAL GROUCHY

AU LIEUTENANT-GÉNÉRAL DROUOT, A NANCY.

Paris, le 10 avril 1840.

MON CHER GÉNÉRAL,

Je m'occupe en ce moment de la rédaction de ma vie politique et militaire, et je réunis à cet effet tous les documents et toutes les pièces propres à faire apprécier à leur juste valeur les inculpations de tous genres dont, à diverses époques, j'ai été l'objet. Une des plus absurdes, assurément, est celle d'avoir trahi la patrie en 1815, et de m'être mis dans de criminels rapports avec le maréchal Blucher.

Relisez, je vous prie, mon cher général, la lettre que je vous écrivis à ce sujet, le 4 avril 1822. En voici la copie, soit que vous n'ayez pas répondu à cette lettre, soit que votre réponse ait été brûlée lors de l'incendie de mon château en 1824, tant il y a que je ne la retrouve plus.

Soyez assez bon, mon cher général, pour faire la déclaration que je réclamais de vous en 1822. J'en ai besoin non-seulement pour moi-même, mais aussi dans l'intérêt de la mémoire de mon chef d'état-major, qui est encore aujourd'hui l'objet d'atroces calomnies de la part de gens intéressés à incriminer tous les officiers qui servaient près de moi en 1815. Vous vous rappellerez sans doute que ce fut le général Le Sénécal, mon chef d'état-major, que je fus obligé d'envoyer au général en chef ennemi, n'ayant auprès de moi aucun officier d'état-major dont je pusse disposer, et me semblant d'ailleurs plus propre qu'un officier particulier à remplir une pareille mission : elle a été pour lui le mobile de bien des désagréments.

Recevez, mon cher général, le renouvellement de mes affectueux sentiments.

LETTRE DU MARÉCHAL GROUCHY

ADRESSÉE EN 1822 AU GÉNÉRAL DROUOT.

Paris, le 4 février 1822.

J'ai d'autant plus regretté, général, de ne pas m'être trouvé chez moi lorsque vous vous êtes donné la peine d'y venir, que j'eusse eu un plaisir vif à vous revoir, après tant d'adversités mutuelles que nous avons éprouvées, et que j'ai en outre à réclamer de votre loyauté un témoignage auquel le noble caractère qui vous distingue me fait attacher un grand prix.

Calomnié de toutes les manières à l'occasion de la bataille de Waterloo, il n'a pas suffi à la malveillance d'essayer de ternir les derniers moments de ma carrière militaire, en m'accusant d'incapacité et de la non-exécution d'ordres qui ne me parvinrent point, parce qu'ils ne furent jamais donnés. On a encore tenté de jeter du louche sur la pureté de ma conduite, en s'appuyant d'une lettre écrite au maréchal Blucher pendant ma marche de Villers-Coterêts sur Paris ; on a donné à entendre que j'avais eu de perfides rapports avec le général en chef ennemi. Vous vous rappelez sans doute, général, que vous eûtes la bonté de libeller vous-même cette lettre que je signai étant à cheval, et pour ainsi dire de confiance. Elle avait seulement trait à celle que me faisait passer le duc d'Otrante, afin qu'elle fût transmise, par la voie la plus sûre et la plus prompte, au maréchal Blucher. Son objet était d'obtenir une suspension d'armes, afin de gagner du temps, et on y offrit la remise de quelques places fortes comme garantie de l'armistice. La lettre que vous écrivîtes en mon nom fut, autant que je m'en souviens, rédigée de manière à corroborer les motifs que faisait valoir le président du gouvernement provisoire pour obtenir l'armistice désiré.

N'ayant point d'officier d'état-major près de moi pour le moment, je chargeai mon chef d'état-major, le maréchal-de-camp Le Sénécal, d'en être le porteur. Tel est le seul rapport que j'ai eu, pendant toute la campagne, avec le général ennemi. Présumant que la minute de la lettre au maréchal Blucher, que j'ai signée et que vous rédigeâtes, aura été brûlée avec mes papiers et autres effets réduits en cendres, lors du récent incendie de mon château, je souhaiterais, général, que vous voulussiez bien m'envoyer une déclaration portant que cette lettre n'avait trait qu'à la demande d'un armistice, et qu'elle a été libellée par vous. Cette circonstance seule offrira

au besoin la garantie la plus respectée, soit à la généra-
tion présente, soit à la postérité.

La crainte de ne pas vous rencontrer chez vous lorsque
je m'y présenterai de nouveau, général, m'a fait vous
tracer ces lignes auxquelles j'aime à croire que vous ne
refuserez pas la réponse qu'elles réclament.

Agréez le renouvellement des sentiments de haute estime et de sincère attachement que je vous ai voué pour
toujours.

RÉPONSE DU LIEUTENANT-GÉNÉRAL DROUOT

A LA LETTRE PRÉCÉDENTE.

Nancy, le 15 avril 1840.

MONSIEUR LE MARÉCHAL,

Je viens de recevoir la lettre que vous m'avez fait
l'honneur de m'écrire le 12 du courant, et je m'empresse de vous envoyer la déclaration suivante que vous
demandez.

Après l'abdication de l'Empereur, la commission du
gouvernement m'ayant donné le commandement de la
garde impériale, je quittai Paris dans les derniers jours
de juin 1815, pour me rendre à l'armée.

J'ai rejoint à Villers-Coterêts le quartier général de
M. le maréchal Grouchy. Pendant la marche de Villers-
Coterêts à Paris, monsieur le maréchal reçut une dépêche du gouvernement qui lui prescrivait de négocier
une suspension d'hostilités avec les généraux ennemis.
Monsieur le maréchal me pria de rédiger un projet de
lettre d'après les bases et les indications qu'il me donna.
Je descendis de cheval, et, m'appuyant sur le bord du
fossé, j'écrivis à la hâte sur mes genoux la minute d'une
lettre. Je la présentai non signée à M. le maréchal qui

était resté à cheval. Il la lut, l'approuva, et, quelques instants après, il fit partir la lettre. J'ignore si Monsieur le maréchal a conservé la minute que j'avais écrite très précipitamment.

J'ai l'honneur de vous prier, Monsieur le maréchal, d'agréer ma haute considération et mon respectueux attachement.

Signé GÉNÉRAL DROUOT.

P. S. Les journaux ont annoncé, il y a peu de temps, que vous étiez gravement malade. J'apprendrai avec une vive satisfaction votre parfait rétablissement.

LETTRE DU MARÉCHAL GROUCHY

AU PRÉSIDENT DU GOUVERNEMENT PROVISOIRE.

MONSIEUR LE PRÉSIDENT,

J'ai l'honneur de vous adresser le général Le Sénécal, que j'avais envoyé avec une lettre au maréchal Blucher, à l'effet d'entrer en pourparlers relativement à un armistice. Il a ramené avec lui un major prussien, qui se dit investi de pouvoirs suffisants pour faire suspendre les hostilités. Je vous engage à le recevoir aussitôt qu'il vous aura été conduit par un officier d'état-major, et à donner à ces ouvertures telles suites que vous jugerez convenables.

Ayant remis au prince d'Echmühl le commandement de l'armée, je ne puis qu'en référer à votre Excellence.

J'ai l'honneur d'être, etc.

LE MARÉCHAL GROUCHY.

OBSERVATION.

Immédiatement après l'entrevue que le maréchal Grouchy avait eue à La Villette avec le prince d'Echmühl, et avant de rentrer dans Paris, il s'était volontairement dépouillé du commandement de l'armée qu'il avait su ramener intacte sous les murs de la capitale; mais il ne pouvait ni ne devait consentir à servir sous les ordres d'un chef dont les projets et les actes étaient hostiles à Napoléon II, qu'il avait fait proclamer empereur des Français, et aux couleurs nationales auxquelles il avait, peu de jours auparavant, fait jurer fidélité par son armée. (Voyez la proclamation du maréchal Grouchy, rapportée ci-dessus, page 7.)

LETTRE DU MARÉCHAL GROUCHY

AU MARÉCHAL PRINCE D'ECHMUHL, MINISTRE DE LA GUERRE.

MONSIEUR LE MARÉCHAL ,

On vient de m'assurer que votre Excellence avait fait arrêter le général Le Sénécal , sous prétexte qu'il avait eu des rapports illicites avec l'ennemi. J'ai d'autant plus lieu de m'étonner d'un pareil acte , que votre Excellence connaît les principes de cet officier-général qui est employé près de moi , et qu'il n'est pas de gages qu'il n'ait donné, en toute espèce de circonstances, à la cause sacrée que nous défendons.

L'exposé des faits relatifs au général Le Sénécal vous fera sans doute reconnaître l'injustice d'un pareil acte , dont je demande le prompt redressement, s'il y a lieu.

Le 28 juin , ramenant de Villers-Coterêts vers Paris quelques-unes des troupes sous mes ordres , notamment plusieurs bataillons et les chasseurs à cheval de la garde, je vis arriver M. Laloy, officier d'état-major, auquel vous aviez enjoint de se rendre à mon quartier-général , pour que je fisse parvenir aux plénipotentiaires envoyés par le gouvernement provisoire, près des généraux ennemis , une note par laquelle il était prescrit aux commissaires de faire plutôt le sacrifice de quelques places de plus (pour obtenir un armistice), que de sacrifier Paris. J'observai à M. Laloy que les plénipotentiaires étaient sur la route de Senlis et non sur celle de Soissons, où il me trouvait, qu'il fallait donc qu'il retournât sur cette route, et il me quitta pour aller la prendre.

Voyant que son cheval était exténué de fatigue et pouvait à peine marcher, je pensai que, pour faire parvenir d'une manière plus prompte et plus sûre, à la connaissance du maréchal Blucher, les intentions du gouvernement, il conviendrait que je lui écrivisse aussi, et que je lui fisse porter ma lettre par quelqu'un de mes aides-de-camp ou officiers d'ordonnance qui étaient mieux montés que M. Laloy. Mais, étant en ce moment aux prises avec la cavalerie prussienne qui me suivait depuis Villers-Coterêts, je priai le général Drouot, qui était à mes côtés, de se charger de la rédaction d'une lettre au maréchal Blucher, que je n'étais guère en position de faire moi-même, voulant rester à l'extrême arrière-garde. Il se porta donc à cet effet à quelque distance sur la route de Paris. Quand il eut écrit cette lettre, je la signai sans descendre de cheval, et voulus l'expédier par un de mes officiers; mais tous étaient en mission, ayant été envoyés en hâte et par diverses routes au troisième et au quatrième corps et au général Vandamme pour les prévenir qu'ayant acquis la certitude que les ennemis étaient maîtres de Compiègne, Creil, Senlis, et conséquemment à même de couper la route de Paris à Soissons avec toutes leurs forces, ils ne suivissent pas celle de Soissons, mais qu'ils se dirigeassent sur Meaux pour se rendre à Paris, couverts par la Marne. Le général Le Sénécal étant le seul officier disponible que j'eusse alors près de moi, et celui d'ailleurs que son grade rendait propre à une pareille mission, je l'expédiai avec ma lettre près le général Blucher. Par suite de sa mission, il ramena à Paris un major prussien, chargé par Blucher de faire connaître au gouvernement provisoire les demandes formées par les alliés.

Afin de ne pas faire entrer le major prussien dans
Paris, où le général Le Sénécal venait me rejoindre, il
le laissa à Vincennes, sous la garde d'un chef d'escadron
de chasseurs que lui donna à cet effet le général Excelmans. Il était minuit quand le général Le Sénécal arriva
près de moi. Je l'envoyai immédiatement au président de
la commission du gouvernement, le duc d'Otrante, avec une
lettre par laquelle je l'engageais à appeler près de lui le
major prussien. Le duc d'Otrante renvoya le général Le
Sénécal au lendemain onze heures; il y retourna à cette
heure, et c'est à la sortie de chez le président de la commission du gouvernement qu'on vient de me dire que le
général Le Sénécal avait dû être arrêté par vos ordres.

Je vous prie, Monsieur le maréchal, de faire cesser,
si elle a lieu, une arrestation qui serait aussi étonnante
qu'injuste, et de donner un témoignage public d'assentiment à la conduite du général Le Sénécal qui, dans
cette circonstance comme dans toutes les autres, ne s'est
écarté en rien de la ligne de ses devoirs, et qui ne peut
qu'être profondément affecté de bruits que quelques propos de soldats n'auraient assurément pas dû provoquer.

Recevez, Monsieur le maréchal, l'expression de mes
sentiments.

—•••»»»»𝕆•𝕆•𝕆•⟨⟨⟨•—

ORDRE

DONNÉ PAR LE MARÉCHAL GROUCHY AU GÉNÉRAL VANDAMME.

Villers-Coterêts, le 28 juin, 4 heures du matin.

MON CHER GÉNÉRAL,

L'ennemi ayant débouché de Compiègne en trois colonnes : l'une sur Villers-Coterêts, l'autre sur Crépy, et la troisième sur Senlis, vous n'êtes plus en mesure de vous porter sur Paris par la route que je suis. Il faut donc vous diriger avec tout votre corps, sans perdre un instant, par la Ferté-Milon et Meaux, d'où vous gagnerez Paris, couvert par la Marne. Arrivez à aussi grandes marches que vous pourrez.

LE MARÉCHAL GROUCHY.

OBSERVATION.

Cet ordre fut porté au général Vandame par M. Dulnas de St.-Léon : sa lettre ci-après annexée le constate. Trois autres officiers, dont deux de ses aides de camp, furent successivement envoyés de divers points de la route de Villers-Coterêts à Paris, par le maréchal Grouchy, tant au général Vandame, qu'aux commandants des corps de cavalerie qui se trouvaient au-delà de l'Aisne, pour le relever au-besoin, et leur enjoindre s'ils n'en avaient pas reçu l'ordre de se rendre à Paris, en passant par la Ferté-Milon et Meaux.

LETTRE

DE M. DULNAS DE SAINT-LÉON, OFFICIER SUPÉRIEUR D'ÉTAT-MAJOR.

Relative à la mission dont il avait été chargé par le maréchal Grouchy, près du général Vandamme, le 28 juin 1815.

Paris, le 1er septembre 1840.

MONSIEUR LE MARÉCHAL,

J'ai sous les yeux les fragments historiques de la campagne de 1815, établis pour prouver la calomnie dont vous avez été l'objet. J'aurais voulu les connaître avant qu'ils fussent imprimés, car, témoin oculaire, j'aurais été fier et très-honoré d'être cité comme l'officier porteur des ordres donnés au général Vandamme. L'ennemi occupait la forêt de Villers-Coterets, et c'est à cinq heures du matin que je reçus de vous la mission de traverser la forêt où les Prussiens étaient établis, rejoindre le général Vandamme qui devait y entrer avec son corps d'armée et ne le quitter que quand il serait sur la route de la Ferté! Vous attachiez une si grande importance à cet ordre, Monsieur le maréchal, qu'en présence de tout l'état-major réuni, vous me promîtes le grade de chef-d'escadron si je réussissais (M. le général d'Hincourt qui commande à Verdun était à côté de vous, et m'a rappelé cette circonstance l'année dernière). J'ai réussi, Monsieur le maréchal, en arrivant, moi 4e de l'escorte de 12 chasseurs à cheval que vous m'aviez donnés, et vous m'avez tenu parole, car c'est sur votre rapport que la commission du gouvernement me nomma en 1815 chef d'escadron.

Je suis tout à vos ordres, Monsieur le maréchal; si jamais vous aviez besoin de ce témoignage.

J'ai l'honneur d'être avec le plus profond respect,

Monsieur le maréchal,

Votre très-humble et très-obéissant
serviteur,

Signé DULNAS DE SAINT-LÉON.

Officier supérieur au corps royal
d'état-major.

RÉTRACTATION DU GÉNÉRAL BERTHEZÈNE.

LETTRE

ADRESSÉE PAR LUI AU RÉDACTEUR EN CHEF DU JOURNAL
La France.

MONSIEUR,

Dans votre numéro du 7 de ce mois, dont je n'ai eu connaissance qu'aujourd'hui, vous annoncez la publication de la lettre que j'ai écrite à MM. les auteurs de la *Biographie des hommes du jour*, et vous vous servez de termes tels, que l'on pourrait croire que j'ai voulu attaquer la fidélité de M. le maréchal Grouchy.

Je m'empresse de protester de toutes les forces de mon âme contre l'interprétation que vous donnez à mes paroles : *jamais un seul doute à cet égard n'est entré dans mon esprit.*

Veuillez, Monsieur, avoir l'obligeance d'insérer cette lettre dans votre plus prochain numéro, comme hommage à la vérité.

J'ai l'honneur de vous saluer avec considération,

Le lieutenant-général,

BARON BERTHEZÈNE.

Paris, le

Caen, Imp. de F. Poisson, rue Froide, 18.

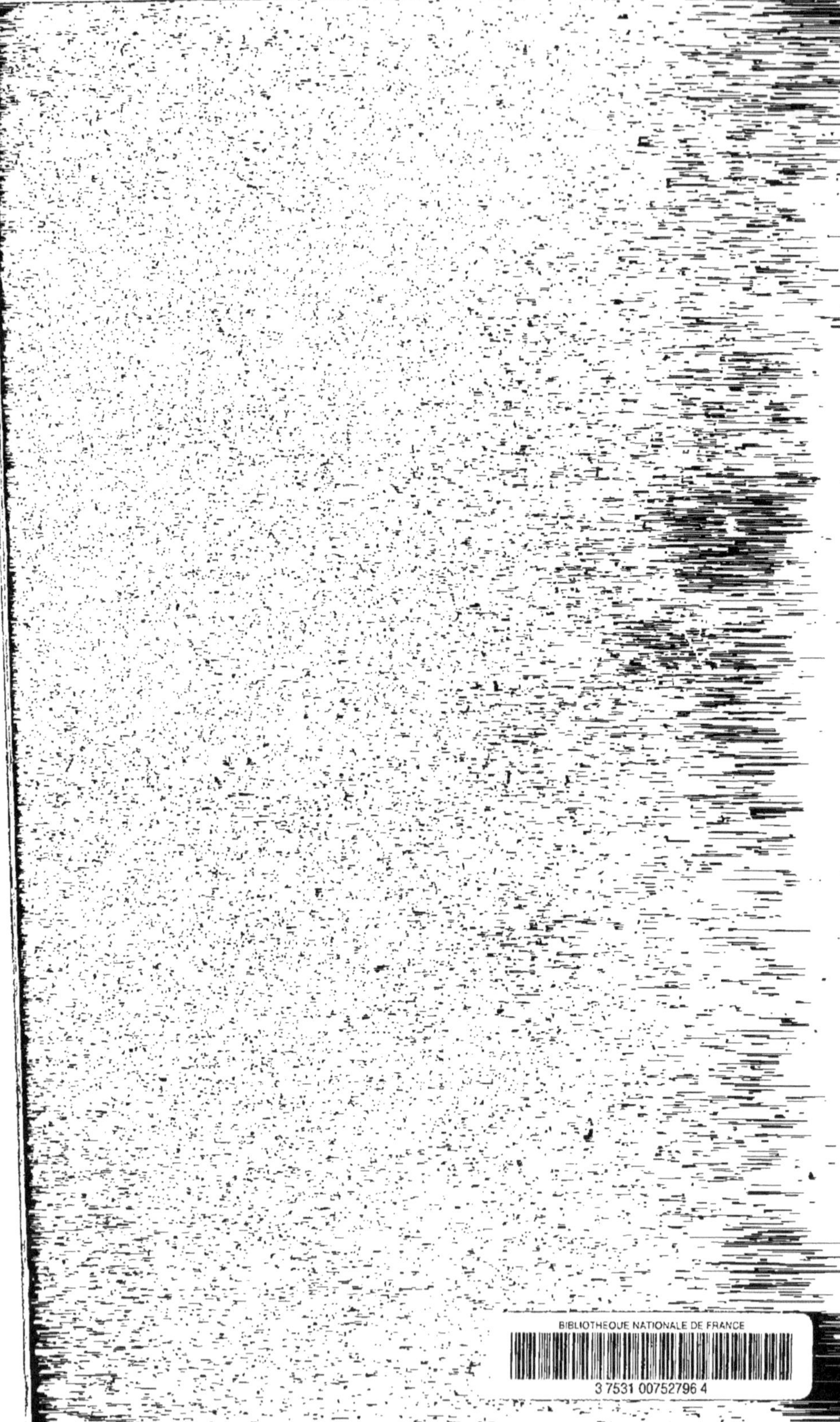